AF467953

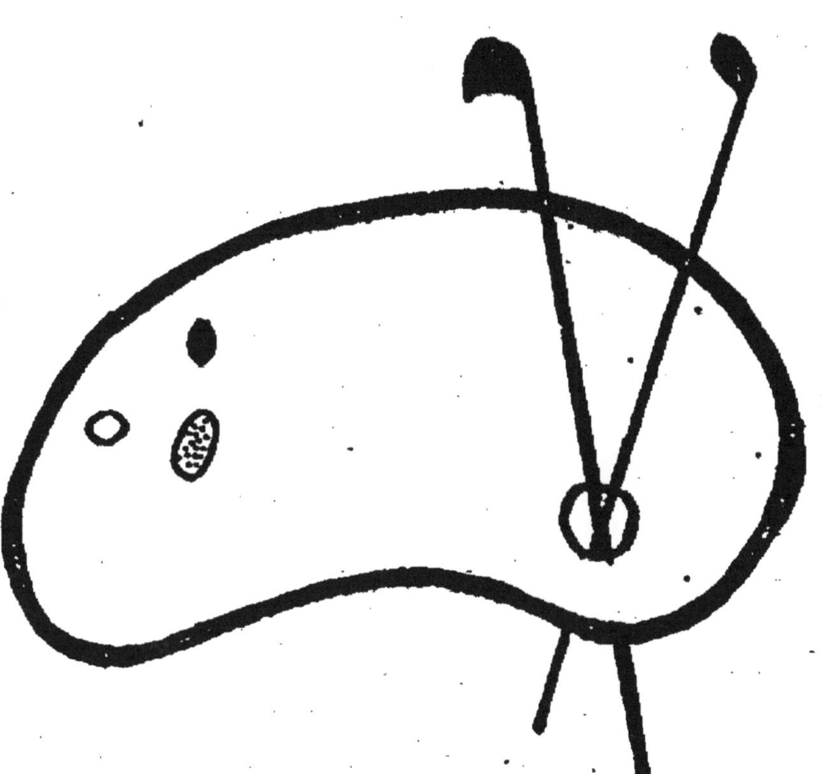

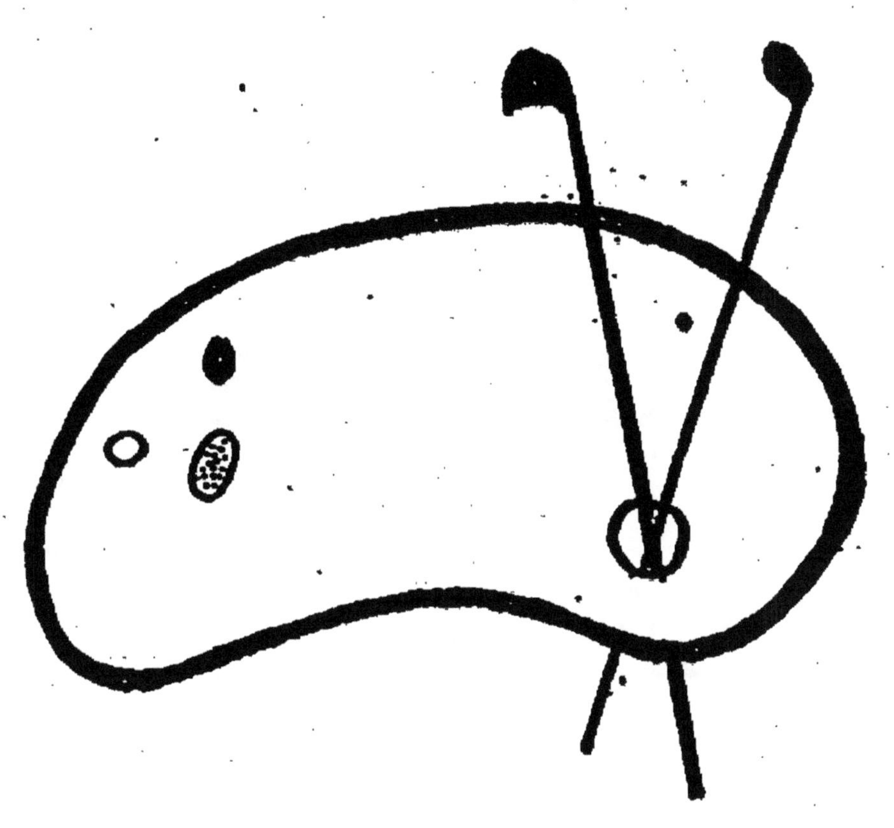

FIN D'UNE SERIE DE DOCUMENTS
EN COULEUR

LES
AMOURS
DE
CLÉOPATRE

LES

AMOURS

DE

CLÉOPATRE

IMPRIMERIE ADMINISTRATIVE & COMMERCIALE

18, Rue des Cultivateurs, 18

PAU.

LES AMOURS
DE
CLÉOPATRE

I

Un des noms, les plus célèbres dans les annales de l'amour antique, qui soit passé à la postérité, est sans contredit celui de la belle reine d'Egypte, Cléopâtre. Son histoire est comme une légende, comme un conte fantastique, pleine d'épisodes tantôt sanglants, tantôt poétiques et charmants, comme s'exprime P. Larousse, à qui nous empruntons ces détails, pleine de traits romanesques jusqu'à l'extravagance et simples jusqu'à la naïveté, pleine du bruit des instruments de musique et du choc des coupes, pleine de fleurs, pleine de soupirs d'amour, pleine de baisers.

Vers l'an 51 av. J.-C., Ptolémée Aulète venait de mourir, laissant le trône d'Egypte à son fils aîné Ptolémée Denys et à Cléopâtre sa fille, sous la condition qu'ils s'uniraient par le mariage suivant l'usage des familles royales d'Orient. Mais Ptolémée Denys, jaloux de régner seul, exila sa sœur, et, pour donner quelque apparence de légalité à son usurpation, il la fit approuver par Pompée, qui alors régnait à Alexandrie plus que le roi lui-même.

Mais César, qui a passé le Rubicon, arrive bientôt en Macédoine, investit Pompée, le tient assiégé pendant quatre mois, puis le défait entièrement dans les plaines de Pharsale, le poursuit dans Alexandric, enfin le fait assassiner.

Avec le vaincu tombe la fortune de Ptolémée.

Cléopâtre, en effet, songe à demander justice à César contre son frère ; mais le vainqueur, qui n'est pas en sûreté dans la capitale de Ptolémée Denys, est entouré de gardes, et personne ne peut pénétrer jusqu'à lui ; d'un autre côté, comment, sans danger, entrer dans la ville où règne encore son ennemi et d'où elle-même a été exilée ?

Ici commence le roman vrai de Cléopâtre.

Elle séduit par ses émissaires un fidèle de César, et celui-ci, pendant la nuit, porte à la maison du vainqueur, sur ses épaules, Cléopâtre enveloppée comme un paquet de hardes...

César voit Cléopâtre; César est voluptueux et Cléopâtre est douée d'une beauté resplendissante: sa cause est gagnée.

Ptolémée Denys est chassé, et sa sœur proclamée reine d'Egypte, conjointement avec son plus jeune frère.

Les amours de Cléopâtre ne s'arrêtèrent point là. C'est par sa beauté que la fille de Ptolémée Aulète avait gagné à sa cause, avait amené à ses genoux le vainqueur de Pompée; c'est par les grâces de l'esprit qu'elle l'enchaîna pour toujours à son char; elle parlait, en effet, toutes les langues, elle aimait l'étude des lettres, et lorsque, plus tard, Antoine, qui remplacera César, s'absentera d'Alexandrie, elle se consolera de cette absence en mettant tous ses soins au rétablissement de la fameuse bibliothèque des Ptolémées, et y ajoutera les 200,000 volumes formant celle de Pergame. On dit encore qu'elle écrivit, plusieurs volumes; toutefois, la critique ne veut point les admettre comme dignes de la célèbre reine d'Egypte.

Mais revenons sur nos pas. César est aux pieds de Cléopâtre et ne peut plus la quitter. Obligé de poursuivre ses conquêtes, il veut remonter le Nil avec elle jusqu'en Ethiopie ; mais son armée refuse de le suivre. Il part ; puis, arrivé à Rome, il appelle Cléopâtre auprès de lui et pousse son amour, son adoration pour sa maîtresse jusqu'à placer sa statue dans le temple de Vénus, à côté de celle de la déesse ; sa folie va jusqu'à légitimer un enfant qui naît de leur union.

Mais l'étoile du vainqueur du monde a pâli. Bientôt on apprend qu'il a été assassiné dans le sénat ; peu de temps après, la bataille de Philippes met le pouvoir aux mains des triumvirs qui se partagent l'empire. Antoine se charge des affaires de l'Orient.

Cléopâtre, qui régnait seule, après avoir fait assassiner son jeune frère, et qui craignait pour ce fait de se voir ôter la couronne par le triumvir, résolut de le séduire et de se l'attacher comme elle s'était attaché César :

Où le père a passé passera bien l'enfant.

Plutarque fait du voyage de la reine, allant au-devant d'Antoine, un récit qu'on dirait un conte de fées: la galère était toute brillante et miroitante d'or, enrichie des plus belles peintures; les voiles étaient de soie et de pourpre, les rames étaient d'argent, et le bruit qu'elles faisaient en plongeant en cadence et en replongeant dans les flots était mêlé aux sons d'une musique harmonieuse. Cléopâtre, vêtue comme la Vénus Anadyomène (sortant des ondes), c'est-à-dire comme la belle Phryné fut aperçue par Apelle, était étendue sous une tente de drap d'or. Ses femmes représentaient les nymphes et les Grâces, et des enfants déguisés en Amours folâtraient au milieu de ce paradis païen.

« C'est Vénus qui vient trouver Bacchus, » s'écria l'armée d'Antoine, et Bacchus-Antoine alla au-devant de Vénus-Cléopâtre et tomba à ses genoux éperdu d'amour.

Pour elle, il abandonna sa maîtresse Lycoris, répudia sa femme Octavie, fit mourir Arsinoé ; pour elle, il perdit peut-être l'empire du monde ; car, plongé dans les voluptés, il oublia qu'Auguste faisait du chemin, montait un à un les degrés du trône. Aux yeux d'Antoine, il n'y eut plus qu'une chose au monde: les caresses de Cléopâtre.

Nous n'entrerons pas dans les détails, dans

la description de ces fêtes, de ces orgies, les plus magnifiques et aussi les plus licencieuses dont l'histoire galante ait jamais parlé. C'est à la suite d'une de ces orgies que Cléopâtre détacha d'une de ses oreilles une perle d'un prix immense, la fit fondre dans du vinaigre et avala le liquide.

Cléopâtre paraît avoir véritablement aimé Marc-Antoine, et Plutarque nous la peint ne le quittant jamais, ni le jour ni la nuit, avec lui jouant aux dés, chassant, pêchant, buvant même, et plus encore : sous un costume d'homme, le suivant, la nuit, lorsque, avec les jeunes libertins d'Alexandrie, il parcourait les rues de la ville et les mauvais lieux, rossant les passants attardés, réveillant ceux qui dormaient, ouvrant les boutiques pour tout casser, ainsi que se sont plu à le faire bien des souverains, depuis Néron jusqu'à François Ier.

Dans cette vie licencieuse et turbulente, on rencontre des traits d'une simplicité, d'une naïveté qui semblent caractériser deux amoureux vraiment détachés du monde, de toutes choses, et que leur passion a fait redevenir enfants, auxquels elle a donné une seconde virginité : Plutarque en raconte un : pêchant un jour à la ligne en présence de

Cléopâtre, et humilié de ne rien prendre, l'amoureux donna ordre à ses pêcheurs d'aller sous l'eau attacher secrètement à un hameçon quelqu'un des gros poissons pris auparavant. La reine s'aperçut de la supercherie, et, le lendemain, elle fit accrocher à l'hameçon d'Antoine un poisson salé. A la vue d'une telle prise, grands éclats de rire. Alors Cléopâtre dit à Antoine : « Mon général, laissez-nous la ligne à nous, souverains du Phare et du Canope ; votre pêche, à vous, ce sont les villes, les peuples, les empires. » Ces paroles de Cléopâtre sont-elles une excuse de la plaisanterie dont l'orgueil de Marc-Antoine aurait pu s'offenser, une flatterie pour lui faire pardonner une espièglerie d'enfant ; ou bien, méditées, préparées d'avance, sont-elles l'aiguillon par lequel elle veut dissiper la torpeur de son amant, réveiller son ambition endormie au sein des voluptés, et, au nom de sa beauté, de son amour, lui demander de mettre à ses pieds l'empire qu'il avait brigué autrefois, dont Auguste vient de se rendre maître ?...

Quoi qu'il en soit, Marc-Antoine, soit pour obéir aux ordres muets de sa maîtresse, soit qu'une sorte de renouveau ambitieux se soit tout à coup emparé de lui, revient à Rome faire sa cour au maître du monde, qui, par crainte, par calcul, lui donne en mariage sa sœur Octavie, vierge pure qui apparaît comme pour éclairer un peu de sa lumineuse auréole le sombre drame de son temps.

Mais Antoine ne peut pas oublier Cléopâtre. De loin comme de près, il est sous la domination de cette sirène d'Afrique. Un jour vient où l'esprit troublé, le cœur ulcéré, l'âme en délire, il quitte le palais d'Auguste, il quitte Octavie et retourne en Orient pour recommencer le roman de ses amours interrompues.

Cependant, et malgré Octavie, l'ange médiateur entre son frère et son mari, Auguste, irrité, résolut d'en finir avec son ancien compétiteur, son ancien collègue au triumvirat. D'abord, et c'est ainsi que procédait toujours l'hypocrite dictateur, il irrita le peuple, en prouvant, dit Suétone, combien Antoine avait démérité de la patrie ; il fit ouvrir et lire publiquement un codicille qu'il avait laissé et par lequel il mettait au nombre de ses héritiers les enfants de Cléopâtre ; il le fit déclarer ennemi de la république, puis il lui déclara la guerre et marcha contre lui.

Cléopâtre fit armer 500 vaisseaux et voulut les commander elle-même. Mais lorsque les deux flottes ennemies en vinrent aux mains, effrayée du bruit, du tumulte, du carnage, inouï pour elle jusque-là, elle ordonna de virer de bord et prit la fuite. La bataille avait lieu dans le golfe d'Ambrasie, sur les côtes d'Epire, près de la ville d'Actium, dans ce pays de Grèce qui venait de rendre à Cléopâtre les honneurs qu'au temps de Périclès elle rendait à la beauté souveraine.

Marc-Antoine, qui aurait pu disputer la victoire à Auguste, sentit défaillir son courage devant la fuite de son amante. Lui aussi fit virer de bord et suivit Cléopâtre à Alexandrie.

Là, une révolte de l'armée d'Auguste, deux tempêtes qui faillirent engloutir le maître de Rome, procurèrent quelque temps de repos et d'amour encore à ceux qui, depuis vingt ans, ne vivaient que l'un par l'autre et s'étaient tout sacrifié. Plus que jamais ils se plongèrent dans les plaisirs, dans la volupté, et ils voulurent en épuiser la coupe, en se jurant de mourir ensemble s'ils ne pouvaient échapper à la poursuite acharnée de leur vainqueur, et Cléopâtre faisait bâtir d'avance un monument, où d'abord elle fit transporter tous ses joyaux et où elle ordonna qu'on l'ensevelît.

Octave, en effet, approchait d'Alexandrie, et peu après il s'en rendit maître ; mais Cléopâtre déjà s'est cachée dans son tombeau, et bientôt Antoine est venu rejoindre sa maîtresse. Quand l'ancien triumvir parvint jusqu'à la dernière retraite de ses ennemis, il put voir l'amant percé de son épée et expirant dans les bras de l'amante, et celle-ci défigurée déjà par la convulsion de l'agonie.

On raconte que depuis longtemps Cléopâtre s'était occupée à faire des expériences sur les poisons, recherchant celui qui faisait mourir avec le moins de douleur. Après beaucoup de recherches, elle reconnut que la morsure de l'aspic amenait vite et sans douleur la perte de la vie, et lorsqu'elle vit Antoine expirant, elle se fit apporter par un paysan une corbeille de figues, qu'elle plaça près d'elle, et peu à peu on la vit pâlir, parce qu'elle s'était fait mordre au sein par un aspic caché au milieu des fruits.

Octave, qui voulait atteler à son char triomphal la belle Egyptienne, ne trouva plus qu'une femme agonisante qui lui demanda, pour la dernière grâce, de rendre à Antoine les honneurs de la sépulture.

Plutarque nous a raconté de quelle douleur, de quel désespoir immense et vrai elle fit preuve en cette triste circonstance.

Détachons de cette narration les paroles d'adieu de Cléopâtre à Marc-Antoine :

« O mon cher Antoine, je t'ai rendu naguère les honneurs funèbres avec des mains libres ; mais maintenant je suis prisonnière ; des satellites veillent autour de moi pour m'empêcher de mourir, afin que ce corps esclave figure dans la pompe triomphale qu'Octave se fera décerner pour t'avoir vaincu. Ne compte pas sur de nouveaux honneurs funèbres, voici les derniers que Cléopâtre pourra te rendre. Tant que nous avons vécu, rien ne pouvait nous séparer l'un de l'autre ; mais nous courions le risque, après notre mort, de faire un triste échange de sépulture : toi, citoyen romain, tu auras ici un tombeau, et moi, infortunée, le mien sera dans ta patrie. Mais si les dieux de ton pays ne t'ont pas abandonné comme les miens, fais que je retrouve un asile dans ta tombe et que je me dérobe ainsi à l'agonie qu'on me prépare. Cher Antoine, reçois-moi bientôt à tes côtés ; car, de tous les maux que j'ai soufferts, le plus grand encore en cet instant, c'est ton absence. »

Les derniers souhaits de Cléopâtre furent à demi réalisés. Elle mourut plus tôt que ne l'avait espéré Auguste, qui, dans son triomphe, ne put montrer que l'image de la reine d'Egypte, piquée au bras par un serpent.

Un des officiers d'Octave était près d'elle à ses derniers moments, et, comme il s'étonnait de voir deux des femmes qui la servaient mourir aux pieds de leur maîtresse :

« Voilà qui est beau, dit-il.

— Oui, répondit Cléopâtre, et très digne d'une princesse issue de tant de rois.»

Octave permit que la reine fût ensevelie avec son amant dans le monument quelle avait fait construire pour elle et pour lui ; il consentit aussi à laisser debout les statues de Cléopâtre, tandis qu'il fit abattre celles d'Antoine. « Enfin, dit Suétone, le jeune Antoine, l'aîné des enfants que l'ancien triumvir avait eus de Fulvie, après beaucoup de prières inutiles, fut massacré au pied de la statue de César, ainsi que Césarion, le fils de son prédécesseur au trône et de Cléopâtre ; mais le magnanime empereur épargna les autres enfants que son acien collègue avait eus de la reine d'Egypte.»

Telle est en quelques lignes l'histoire d'une des femmes les plus extraordinaires dont l'antiquité nous ait conservé le nom et transmis la vie.

Une telle héroïne devait laisser après elle un long sillon lumineux et la postérité littéraire et artistique s'empara de cette grande reine de l'amour.

Que de tableaux, de statues, d'ouvrages, de romans, de tragédies, de drames ont été inspirés par l'amour d'Antoine et de la belle Cléopâtre !

Les représentations modernes de Cléopâtre sont extrêmement nombreuses. Les peintres et les sculpteurs ont retracé à l'envi la mort tragique de cette princesse.

II

Les deux tableaux les plus célèbres sont ceux du Guide et du Dominicain.

De tous les peintres, le Guide est certainement celui qui a représenté le plus souvent *Cléopâtre se faisant piquer par l'aspic.*

L'amante d'Antoine est sur le point d'expirer, ouvrant la bouche pour jeter un cri de douleur, et levant vers le ciel ses beaux yeux mouillés de larmes. Elle est accoudée sur des coussins, la poitrine, les épaules et les bras nus, elle tient de la main gauche l'aspic qu'elle approche de son sein et elle retient de la main droite ses draperies tombantes ; ses cheveux sont retenus par un simple ruban ; derrière elle est un grand rideau ; à droite, sur une petite table recouverte d'un tapis, est la corbeille de figues qui a servi à apporter le serpent.

C'est ainsi qu'il nous la montre dans le tableau du palais Pitti à Florence.

* * *

La composition dans laquelle le Dominiquin a retracé la mort de Cléopâtre est presque la mise en scène du passage suivant, tiré du drame où Shakspeare a déroulé cette fin tragique :

CLÉOPATRE, *s'adressant au paysan qui vient de lui apporter l'aspic.*

Allons, laisse-moi ; adieu.

LE PAYSAN

En vérité, je vous souhaite beaucoup de plaisir avec l'aspic. *(Le paysan sort. Iras, une des suivantes de Cléopâtre, rentre avec une robe d'apparat, une couronne, etc.)*

CLÉOPATRE

Donne-moi ma robe royale, et pose ma couronne sur mon front. Je sens en moi des désirs impatients d'immortalité ; c'en est fait, le jus de la grappe d'Egypte n'humectera plus ces lèvres. Vite, vite, bonne Iras, vite ; il me semble que j'entends Antoine qui m'appelle ; je le vois se lever pour louer mon acte de courage, je l'entends se moquer de la fortune de César... Mon époux, je te suis !... *(S'adressant à ses suivantes.)* Bon, avez-vous fini ? Adieu, tendre Charmiane. Iras, adieu pour jamais. *(Elle les embrasse ; Iras tombe et meurt.)* Mes lèvres ont-elles donc le venin de l'aspic ? Quoi, tu tombes ? Chère Iras, te voilà donc gisante et paisible ! En disparaissant aussi rapidement du monde tu sembles lui dire qu'il ne vaut pas le temps de lui faire nos adieux. Cet exemple m'accuse de lâcheté. Si elle rencontre avant moi mon Antoine à la belle chevelure, il l'interrogera sur mon sort et lui donnera le premier baiser que je ne céderais pas pour la félicité des cieux. *(Elle prend l'aspic et l'approche de son sein.)* Viens, toi qui donnes la mort, que ta dent aiguë tranche d'un seul coup le nœud de ma vie...

CHARMIANE

O mort ! tu peux te vanter d'avoir maintenant en ta possession une beauté qui n'a point eu son égale. Beaux yeux, astres de lumière, fermez-vous !... Sa couronne est dérangée ; je veux la redresser et, jouer aussi mon rôle. *(Surviennent des gardes.)*

PREMIER GARDE

Où est la reine ?

CHARMIANE

Parlez bas, ne l'éveillez point. (*Elle s'applique un aspic.*) Oh ! viens, allons vite ; hâte-toi ; je commence à te sentir. (*Elle chancelle.*)

DOLABELLA, *entrant*

En quel état sont les choses ici ?

SECOND GARDE

Tout est mort. (*On entend crier au dehors, Place, place à César !*)

OCTAVE *entre et s'approche de la reine*

C'est finir avec courage ; elle a pénétré notre dessin, et, en souveraine, elle a suivi sa volonté.

Le tableau du Dominiquin représente Cléopâtre étendue sur un lit en désordre, vêtue de sa robe royale, le sein droit et les bras nus, la tête inclinée sur l'épaule gauche, les yeux fermés par la mort. L'aspic est enroulé autour du bras. La corbeille de figues dans laquelle il a été apporté est placée au pied du lit, à côté d'une aiguière. Plus à droite, au premier plan, gît une suivante de Cléopâtre.

Une autre suivante, éplorée et chancelante, redresse la couronne de la reine et se tourne à demi vers un officier romain qui l'interroge : deux autres officiers ou gardes complètent ce groupe.

∴

L'œuvre célèbre contemporaine est du peintre Gérôme qui exposa son tableau au salon de 1866.

Plutarque raconte que Cléopâtre, déjà fort sûre d'elle-même quoiqu'elle n'eût que quinze ans, se mit dans un petit bâteau et arriva de nuit devant le palais d'Alexandrie habité par César. Ne pouvant entrer sans être connue, elle s'enveloppa dans un tapis qu'Apollodore lia avec une courroie, et, ainsi cachée, elle fut introduite chez César par la porte même du palais. Plutarque ajoute : « Ce fut la première émorche, à ce que l'on dit, qui attira César à l'aimer, pour ce que ceste ruse luy fit appercevoir qu'elle estoit femme de gentil esprit. » Tel est le sujet que M. Gérôme a voulu représenter. Au premier plan de son tableau apparait Cléopâtre, qu'Apollodore agenouillé prés d'elle vient de découvrir en déroulant le tapis. Elle est debout, vêtue d'un costume transparent qui laisse voir ses formes jeunes et charmantes, et, avec un geste de feinte pudeur, elle se tourne vers César. Celui-ci, assis au fond de la pièce et en train d'écrire ou de dicter à ses secrétaires, regarde, surpris et charmé, la gracieuse apparition.

Ce tableau, comme tous les ouvrages de M. Gérôme, a beaucoup occupé l'attention publique. Voici l'appréciation qu'en fit le roi des critiques Théophile Gautier :

« Certes, c'était là un sujet fait à souhait pour la peinture, et il est étonnant qu'elle ne s'en soit pas déjà emparée. C'était un thème gai, voluptueux, et brillant. M. Gérôme l'a traité d'une façon peut-être un peu trop triste, trop austère. Cette gaminerie de la femme aux séductions irrésistibles, de celle que Shakspeare appelait « le serpent du Nil, » ne demandait pas, ce nous semble, cette solennité et cette recherche archaïque... On peut se fier à M. Gérôme pour l'exactitude des détails, la fidélité de restitution du milieu où se passe la scène qu'il représente ; mais nous aurions voulu un peu plus de liberté et d'enjouement de pinceau. La Cléopâtre, d'un dessin fin et charmant, n'a pas l'animation de la vie. Le sang ne court pas sous la grise pâleur de ses chairs. On a peine à reconnaître dans cette élégante statuette, qu'on prendrait pour celle d'Isis ou de Nephtys, cette reine la plus adorablement féminine qui fut jamais, et qui semblait faite de flamme, de parfum et de lumière. Certes, cela n'est pas aisé de peindre Cléopâtre, cette Vénus gréco-égyptienne, dont un regard fit perdre sans regret le monde à Antoine ; mais M. Gérôme possède assez de talent pour faire ce portrait, et nous regrettons qu'il se soit, dans ce tableau remarquable à tant d'égards, laissé distraire de la beauté par la science.

C'est à Th. Gautier lui-même, ce peintre littéraire sans rival, qu'il faut demander le portrait de la Vénus gréco-égyptienne ; nous le détachons d'une de ses plus piquantes nouvelles : *Une nuit de Cléopâtre* : « Un léger nuage rose, se répandant sous la peau transparente de ses joues, en rafraîchissait la pâleur passionnée ; ses tempes blondes comme l'ambre laissaient voir un réseau de veines bleues ; son front uni, peu élevé comme les fronts antiques, mais d'une rondeur et d'une forme parfaites, s'unissait par une ligne irréprochable à un nez sévère et droit, en façon de camée, coupé des narines roses et palpitantes à la moindre émotion, comme les naseaux d'une tigresse amoureuse ; la bouche, petite, ronde, très-rapprochée du nez, avait la lèvre dédaigneusement arquée ; mais une volupté effrénée, une ardeur de vie incroyable rayonnait dans le rouge éclat et dans le lustre humide de la lèvre inférieure, ses yeux avaient des paupières étroites, des sourcils minces et presque sans inflexion. Nous n'essayerons pas d'en donner une idée ; c'était un feu, une langueur, une limpidité étincelante à faire tourner la tête de chien d'Anubis lui-même ; chaque regard de ses yeux était un poëme supérieur à ceux d'Homère ou de Mimnerne ; un menton impérial plein de force et de domination, terminait dignement ce charmant profil... Elle se tenait debout sur la première marche du bassin, dans une attitude pleine de grâce et de fierté ; légèrement cambrée en arrière, le pied suspendu, comme une déesse qui va quitter son piédestal et dont le regard est encore au ciel ; deux plis superbes partaient des pointes de sa gorge et filaient d'un jet jusqu'à terre. Cléomène, s'il eût été son contemporain et s'il eût pu la voir, aurait brisé sa Vénus de dépit.»

III

Une des meilleures œuvres littéraires est la tragédie de Cléopâtre par Mme Emile de Girardin.

Au moment où s'ouvre l'action, les deux héros du drame sont en scène : Antoine le soldat efféminé et brutal, héroïque et puéril, sensuel et prodigue, qui semble venu tout exprès au monde pour voler dans les bras de Cléopâtre, si magnifiquement peinte dans ces beaux vers:

Sa colère vous plaît ; on l'aime et quelquefois
On s'en laisse accabler pour entendre sa voix.
Elle est reine toujours, mais aussi toujours femme;
Dans cet être si frêle on sent une grande âme ;

royale, sur la bacchante qu'on ne saurait plus oublier du moment qu'on l'a aimée, ne fût-ce qu'une heure.

Puis la bataille d'Actium se livre derrière les coulisses, et on revoit Antoine perdu, déshonoré, qui n'est plus que l'ombre de lui-même, et qui, croyant Cléopâtre morte, se passe son épé au travers du corps.

Alors Cléopâtre restée seule, vaincue, prisonnière, est sur le point de se voir forcée de marcher dans Rome derrière le char du vainqueur d'Antoine ; mais l'esclave auquel elle a accordé un jour ses faveurs n'est pas mort et veille sur elle. C'est lui qui l'arrachera aux humiliations qui l'attendent. Il lui apporte l'aspic caché dans un panier de fleurs, et lui, qui devait mourir parce qu'il avait été aimé, il donne la mort parce qu'il aime. Lorsque Octave arrive pour saisir sa proie, il trouve Cléopâtre morte sur son trône, reine encore et toujours belle.

Il faudrait pouvoir citer la plupart des vers de cette tragédie, et particulièrement la magnifique imprécation de Cléopâtre contre le soleil d'Orient, « ce soleil, dit Théophile Gautier, dont les feux ont allumé le sang de ses veines et ne lui ont pas permis les froideurs de neige des chastes épouses. »

À travers la faiblesse on sent la royauté ;
On tremble... on est vaincu .. mais avec volupté !
Sa pensée est un monde et son cœur un abîme ;
C'est ainsi qu'elle va, forte, de crime en crime,
Bravant impunément et le peuple et la cour,
Ne méritant que haine et n'inspirant qu'amour !

Qu'on aille après cela reprocher à Antoine la bataille d'Actium, et que l'on s'étonne de voir un esclave oser lever les yeux sur la reine et lui dire : « Te posséder une heure et mourir ! » Cléopâtre a, du reste, accepté ce pacte de mort et de volupté. L'esclave a tenu dans ses bras son amante d'une heure, mais il a juré de prendre un poison violent pour payer son bonheur, et, après avoir récité une ode à la mort, ode pleine de grandeur et de passion, il vide la coupe empoisonnée qu'on lui présente. Mais Ventidius et Diomède accourent à temps pour sauver la vie à cet esclave, qui va devenir entre leurs mains un instrument de vengeance et de jalousie.

Dans les actes suivants, l'action est à peu près réduite aux éléments historiques. Antoine délaisse un moment Cléopâtre pour son épouse légitime, la vertueuse Octavie ; mais cet abandon n'est pas de longue durée, et la pure divinité du foyer, la chaste compagne ne l'emporte pas longtemps sur la maîtresse

Le rôle de Cléopâtre a été joué par Rachel, dont la majestueuse attitude était bien faite pour représenter ce type étrange, qui, a tenté nombre d'auteurs, et qui devait inspirer également tant de peintres et de sculpteurs.

Tel est en abrégé, l'histoire de cette reine aussi célèbre par sa beauté que par ses amours.

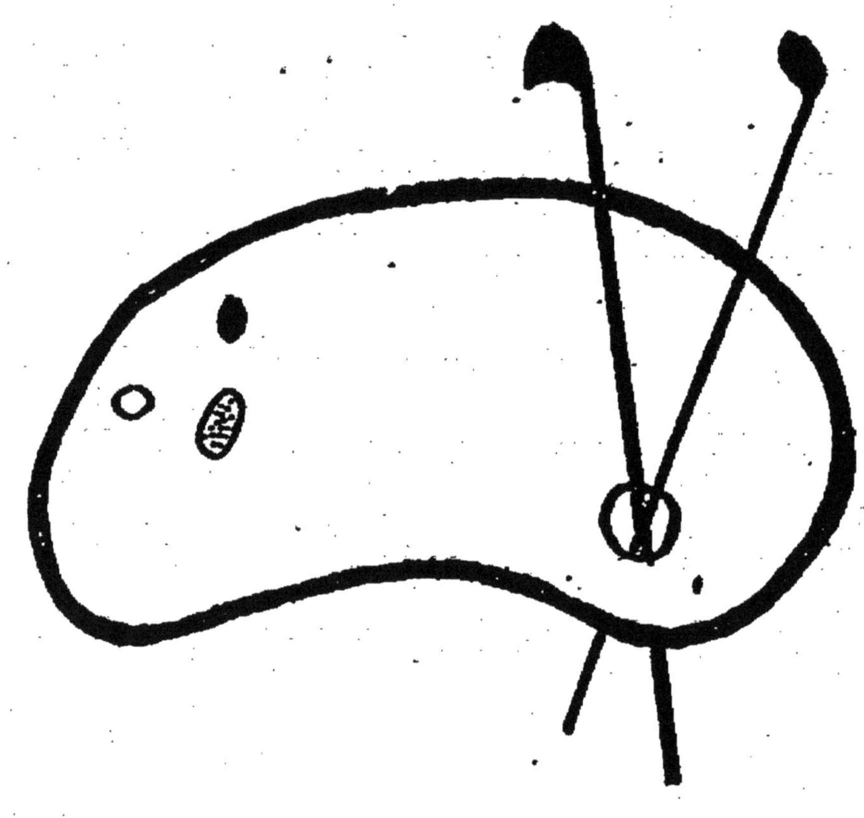

www.ingramcontent.com/pod-product-compliance
Ingram Content Group UK Ltd.
Pitfield, Milton Keynes, MK11 3LW, UK
UKHW020459230726
13925UKWH00005B/2034

9 782014 429459